EXAMEN CRITIQUE

DE LA JURISPRUDENCE

EN

MATIÈRE DE PRESSE

DEPUIS LA PROMULGATION DE LA LOI DU 29 JUILLET 1881

PAR

Adolphe LAIR

CONSEILLER A LA COUR D'APPEL D'ANGERS

Extrait de la REVUE CRITIQUE DE LÉGISLATION ET DE JURISPRUDENCE.

PARIS

LIBRAIRIE COTILLON

F. PICHON, SUCCESSEUR, IMPRIMEURS-ÉDITEURS,

Libraire du Conseil d'État et de la Société de législation comparée,

24, RUE SOUFFLOT, 24.

1883

EXAMEN CRITIQUE

DE LA JURISPRUDENCE

EN

MATIÈRE DE PRESSE

DEPUIS LA PROMULGATION DE LA LOI DU 29 JUILLET 1881

PAR

Adolphe LAIR

CONSEILLER A LA COUR D'APPEL D'ANGERS

Extrait de la REVUE CRITIQUE DE LÉGISLATION ET DE JURISPRUDENCE.

PARIS

LIBRAIRIE COTILLON

F. PICHON, SUCCESSEUR, IMPRIMEURS-ÉDITEURS,

Libraire du Conseil d'État et de la Société de législation comparée,

24, RUE SOUFFLOT, 24.

1883

EXAMEN CRITIQUE

DE LA JURISPRUDENCE

EN

MATIÈRE DE PRESSE

Depuis la promulgation de la loi du 29 juillet 1881.

Bien que vieille d'une année à peine, la nouvelle loi sur la presse a soulevé déjà dans la pratique de nombreuses difficultés dont plusieurs divisent et les jurisconsultes et les tribunaux. Sans vouloir apprécier ici l'esprit qui a présidé à sa rédaction, ni rechercher si elle a fait une juste part à l'autorité et à la liberté, nous nous proposons d'étudier brièvement les principales questions qu'elle a fait naître, et, plus particulièrement, les solutions que leur a données la jurisprudence.

Ces questions peuvent se diviser en quatre catégories distinctes :

1° Questions transitoires ;
2° Questions de juridiction ;
3° Questions de procédure ;
4° Questions diverses.

I.

QUESTIONS TRANSITOIRES.

Il est impossible que le passage d'une législation à une autre ne soulève pas certaines difficultés passagères ; ainsi en a-t-il été de la loi du 29 juillet 1881.

1. — On sait qu'il est de principe incontesté que les lois concernant la procédure et la juridiction saisissent les affaires et les prévenus dans l'état où ils se trouvent au moment de leur promulgation ; et la jurisprudence applique le même principe, avec certains tempéraments toutefois, aux simples lois de compétence.

Or la loi du 29 juillet 1881 a modifié la compétence pour la

— 4 —

plupart des délits commis par la voie de la presse. L'article 45
porté en effet dans son 1er paragraphe : « Les crimes et délits
« prévus par la présente loi seront déférés à la Cour d'assises. »
— « Seront » dit le *Bulletin des lois*; « sont » dit le *Journal offi-
ciel*. Quel est le texte véritable? Celui du *Bulletin des lois*, sans
doute. On verra qu'il ne serait pas indifférent de le savoir.

Une première difficulté a été soumise au tribunal de Moulins,
puis à la Cour de Riom.

Le 16 juillet 1881, l'évêque de Moulins faisait citer le rédacteur et le gérant du journal le *Républicain de l'Allier* à com-
paraître devant le tribunal correctionnel de Moulins à l'audience
du 29 du même mois. La citation visait les délits de diffamation,
injures et outrages à un ministre du culte, prévus et punis par
la loi de 1819, les art. 6 de la loi du 25 mars 1822 et 5 du décret
du 11 août 1848. À l'audience du 29, après avoir comparu, le
gérant du journal, soit nécessité, soit calcul, demanda une remise
à huitaine pour plaider, et, faisant droit à sa demande, le tribunal remit l'affaire au 6 août. Mais, dans l'intervalle, la nouvelle
loi sur la presse était promulguée et devenait exécutoire à Moulins le 4 août. À l'audience du 6, se fondant sur le texte de la loi
nouvelle, les prévenus ont demandé au tribunal de se déclarer
incompétent. Le tribunal d'abord, par jugement du 6 août, puis,
sur l'appel, la Cour de Riom, par arrêt du 27 décembre 1881 [1],
ont déclaré cette incompétence. Cette double solution se fonde
sur ce motif que le principe de la non-rétroactivité des lois ne
s'applique pas en matière criminelle aux lois de compétence et
que ces lois régissent les faits antérieurs à leur promulgation,
alors même qu'ils auraient déjà été l'objet de poursuites, pourvu
qu'il n'y ait pas eu *jugement définitif* à leur égard.

2. — Cette solution nous paraît de tout point exacte et les motifs sur lesquels elle s'appuie sont irréprochables; on peut même
s'étonner qu'elle ait pu sérieusement faire difficulté. Mais que
faudra-t-il entendre par ce *jugement définitif* dont parle la Cour
de Riom? Est-ce un jugement passé en force de chose jugée?
Est-ce simplement un jugement ayant statué sur le fond du droit?
Que devra-t-on décider par exemple, si au moment où devient

[1] S. 1882, 2me p., p. 87.

exécutoire une loi nouvelle, transportant de la juridiction correctionnelle au jury la connaissance de certains délits, un de ces délits déjà jugé par un tribunal correctionnel se trouve déféré à la Cour d'appel par un appel régulier ? La loi nouvelle aura-t-elle pour effet de dessaisir de la connaissance de ce fait la juridiction du 2e degré ? La Cour d'appel, au contraire, demeure-t-elle compétente pour le juger ?

Cette grave difficulté a soulevé dans la doctrine et dans la jurisprudence les controverses les plus vives. Sans entrer ici dans l'examen détaillé d'une question qui n'est pas spéciale à la loi de la presse et dont la discussion approfondie exigerait de longs développements, qu'il nous suffise de dire que les solutions assez nombreuses qu'elle a reçues de la Cour suprême ne sont pas parfaitement conséquentes. Tantôt, en effet, la Cour a décidé que dans le silence de la loi nouvelle les juridictions anciennes restaient saisies des procès commencés ; — tantôt, au contraire, que tous les procès non terminés étaient déférés aux juridictions nouvelles ; — tantôt enfin que l'effet rétroactif des lois nouvelles ne s'étendait pas aux affaires dans lesquelles était déjà intervenu un jugement *définitif* sur le fond, ce jugement ne fût-il pas en dernier ressort, fût-il susceptible ou même frappé d'appel.

Cette doctrine intermédiaire consacrée par la Cour suprême dans un arrêt magistral du 7 juillet 1871 [1] qui eut à cette époque un grand retentissement, elle vient de l'affirmer de nouveau, contrairement aux conclusions de M. l'avocat général Ronjat et de M. le procureur général Berthauld, dans deux arrêts en date du 18 février 1882 [2]. Sans méconnaître la gravité des motifs sur lesquels cette décision s'appuie et l'importance des intérêts qu'elle a pour objet de sauvegarder, nous ne saurions, quant à nous, la considérer comme juridique. Elle peut être utile, elle n'est pas logique. M. le procureur général Bertauld était seul dans le vrai quand il soutenait qu'il n'y avait à cette question qu'une solution rationnelle, celle qui admet que les lois modifiant la compétence régissent tous les procès commencés qui, avant leur promulgation ne sont pas complètement terminés, et que les

[1] S. 1871, 1, p. 85.
[2] S. 1882, 1, p. 185.

jugements définitifs sur le fond rendus en première instance doivent tomber devant l'établissement d'une juridiction nouvelle.

Cette doctrine de la Cour de cassation a été également admise par les Cours de Toulouse (19 août 1881), Lyon (24 août 1883), Paris (26 novembre 1881), Dijon (13 décembre 1881) [1].

3. — La loi du 29 juillet 1881 a enlevé tout caractère délictueux à un certain nombre de faits que punissaient les lois antérieures. Ainsi la fausse nouvelle n'est plus désormais un délit qu'autant qu'elle a troublé la paix publique. A partir de la promulgation de la loi il n'a plus été loisible à la partie lésée de saisir, même au simple point de vue des réparations civiles, un tribunal de répression de la connaissance d'un fait qui n'est plus désormais délictueux, et notamment d'une fausse nouvelle qui n'aura pas troublé la paix publique. Ainsi l'ont jugé, par une déduction très-exacte de principes certains, le tribunal de la Seine [2] et la Cour de Bourges [3]. « L'abrogation d'une loi pénale, « dit la première de ces décisions, n'a pas pour effet d'enlever « aux parties lésées par un acte accompli sous l'empire de cette « loi, leur droit à la réparation du dommage souffert; mais elle « les place quant aux modes et conditions d'exercice de ce droit « dans une situation autre que par le passé, et les soumet *in fu-* « *turum*, soit pour la procédure et l'instruction, soit pour la com- « pétence, soit même pour la durée de l'action, aux règles que la « législateur sans blesser le principe si respectable de la non-ré- « troactivité des lois, reste toujours maître, dans un intérêt supé- « rieur, de modifier ou de créer. »

Ces principes sont incontestables.

4. — Une question intéressante a été soumise à la Cour d'Alger. L'art. 49 de la loi nouvelle décide que le prévenu d'infraction aux lois sur la presse, domicilié en France, « ne pourra être arrêté

---

[1] Nous croyons toutefois que M. Bertauld avait tort d'argumenter du texte de la loi nouvelle inséré au *Moniteur : sont déférés*, alors que le *Bulletin des lois* porte : *seront déférés*. — La Cour d'appel d'Alger a seule adopté la solution que nous proposons. V. S. Cassation. — Sirey 1882, 1, 239 e M. Dutruc, dans son commentaire de la nouvelle loi sur la Presse (n° 348), range à l'avis de la Cour de casssation.

[2] Tribunal de la Seine, 17 août 1881 (S 82, 2, 92).

[3] Bourges 24 novembre 1881 (S. 82, 2, 84 et 92).

« préventivement sauf en cas de crime. » La Cour d'Alger a
justement admis que cette disposition libérale devait avoir un
effet rétroactif, au profit des individus détenus à raison de délits
au moment de la promulgation de la loi, et motiver leur mise en
liberté immédiate [1].

5. — La jurisprudence a eu à se prononcer sur d'assez nombreuses questions nées de l'amnistie qui a été votée en même
temps que la loi du 29 juillet 1881.

Et d'abord, la Cour de Paris a dû rendre un arrêt [2] pour affirmer
que l'amnistie accordée par la loi du 29 juillet comprenait tous les
faits délictueux commis antérieurement à sa promulgation sans
distinction entre les délits de parole et de droit commun, tels que
la diffamation et l'injure, et les délits de presse proprement dits.
On s'étonne qu'en présence du texte de la loi et de la discussion
qui en a précédé le vote une pareille question ait pu être soulevée.

6. — Il est de principe certain et incontesté que l'amnistie doit
toujours respecter les droits des tiers et ne saurait préjudicier à
l'action civile : mais, à partir de l'amnistie, la réparation civile des
délits amnistiés, notamment de la diffamation, ne pouvait plus
être poursuivie devant les tribunaux de répression : elle ne pouvait plus l'être que devant les juges civils. Cette vérité certaine a été de nouveau affirmée par un jugement du Tribunal de
la Seine du 19 août 1881 [3].

7. — Toutefois le juge correctionnel, régulièrement saisi avant
l'amnistie, restait compétent après pour statuer sur l'action civile.
Ainsi l'ont décidé, par une conséquence logique et conformément
à la jurisprudence antérieure, les Cours de Toulouse, Lyon, Paris
et Dijon, qui se sont reconnues compétentes pour statuer sur l'action civile à raison d'un délit amnistié depuis le jugement de première instance, mais avant la décision sur l'appel [4]. Et cette
jurisprudence a été sanctionnée par la Cour suprême elle-même
le 18 mai 1882 [5].

[1] Alger sous cassation (S. 1882, 2, 239).
[2] Paris 11 novembre 1871 (S. 82, 2. 84).
[3] *Gazette des Tribunaux* du 20 août 1881.
[4] Voir ces différents arrêts dans Sirey, 1882, 2e partie, p. 82.
[5] *Gazette des Tribunaux* du 19 mai, aff. Talon.

8. — Par suite de l'amnistie, la diffamation envers un fonctionnaire publié à raison de ses fonctions, commise antérieurement au 29 juillet 1881, ne pouvait plus faire l'objet d'une action répressive, et ne pouvait être déférée à la Cour d'assises. Mais, comme nous venons de le voir, la partie lésée conservait le droit d'actionner le diffamateur en dommages-intérêts devant les tribunaux civils. — Dans ce cas, la partie poursuivie devait-elle être admise à faire devant la juridiction civile, comme elle l'eût pu, sans l'amnistie, devant la Cour d'assises, la preuve des faits diffamatoires ? Le tribunal de Chambéry a admis l'affirmative[1]. Sa décision se fonde sur ce que, dans ce cas, c'est l'amnistie seule qui rend la preuve impossible devant un tribunal criminel et que l'amnistie ne pouvant préjudicier aux intérêts civils des tiers, elle n'a pu enlever ce droit aux diffamateurs. Nous pensons, comme M. Dutruc, que cette décision est juridique.

9. — Au nombre des droits réservés aux tiers par la loi d'amnistie faut-il comprendre la faculté d'exercer la contrainte par corps pour le recouvrement du montant des dommages-intérêts alloués par un tribunal corectionnel à raison d'un délit déféré à cette juridiction antérieurement à la loi d'amnistie ?

Cette question a divisé les tribunaux. D'une part la Cour de Paris a admis que la partie civile conservait après l'amnistie le droit d'user de la contrainte par corps[2]: « Attendu, dit l'arrêt, « que le droit à une réparation réservé par la loi d'amnistie ne « serait pas entier, s'il était dépourvu de la sanction de la con- « trainte par corps qui lui était acquise avant la dite loi. »

La Cour d'Alger, dans un arrêt du 27 février 1882[3], s'est prononcée dans le sens contraire en se fondant sur ce que la contrainte par corps, n'étant, en matière correctionnelle ou criminelle, attachée aux condamnations pécuniaires qu'en raison du caractère délictueux des faits qui les ont motivées, il n'est plus possible de recourir à ce moyen d'exécution dès que, par une conséquence

---

[1] Chambéry 25 janvier 1882, aff. Possoni c. Audé et Châtelain cité par M. Dutruc n° 254.

[2] Paris 30 mars 1882, (S. 82, 2, 158).

[3] Arrêt cité par M. Dutruc, *Commentaire de la loi sur la Presse*, n° 460 et *Journal du M. P.* 25. 164.

nécessaire de l'amnistie, les faits ont perdu ce caractère. L'arrêt de Paris a l'approbation de l'annotateur du recueil des Lois et arrêts, et l'arrêt d'Alger, au contraire, celle de M. Dutruc.

Cette question, neuve en jurisprudence, ne laisse pas d'être assez délicate. Nous inclinons toutefois à penser avec M. Dutruc que la solution de la Cour d'Alger est seule exacte. Il est certain, en effet, qu'en attachant aux condamnations à des dommages-intérêts prononcées pour crime ou pour délit la sanction de la contrainte par corps, le législateur avait moins en vue l'intérêt privé que l'intérêt public. « Bien que ces condamnations soient « connues sous le nom de *réparations civiles*, dit l'exposé des « motifs de la loi du 22 juillet 1867, elles ont quelque chose de « pénal... Le plaignant n'est créancier que parce qu'il a été vic- « time... la société entière est intéressée à l'acquittement de ce « genre de dette. Ce n'est pas assez pour elle que la peine or- « dinaire ait été subie. Pour que la conscience publique soit sa- « tisfaite, il faut encore que le préjudice ait été réparé..... Envi- « sagée sous cet aspect, la contrainte par corps en matières cri- « minelle et correctionnelle est une sorte de peine *éventuelle* et « *complémentaire*, prononcée par anticipation pour le cas où le « condamné ne voudrait pas ou ne pourrait pas satisfaire à la « peine pécuniaire qui lui a été infligée au profit de la partie ci- « vile [1]. » S'il est exact, et ce texte nous paraît le démontrer, que la contrainte par corps ait, dans ce cas, un caractère avant tout pénal, elle doit évidemment disparaître devant l'amnistie dont l'essence est précisément d'effacer le délit avec toutes les conséquences qu'il pouvait entraîner au point de vue de la vindicte publique.

Nous ne nous étendrons pas davantage sur ces questions purement transitoires qui ne semblent pas pouvoir se reproduire.

II.

QUESTIONS DE JURIDICTION ET DE COMPÉTENCE.

10. — L'art. 68 de loi nouvelle abroge formellement toutes les lois antérieures sur la presse. Et il résulte expressément des travaux préparatoires que le législateur de 1881, a, au contraire,

[1] S. Lois annotées, 1867, p. 166.

entendu respecter toutes les dispositions légales étrangères aux lois sur la presse proprement dites.

Bien que le texte et l'esprit de la loi ne parussent prêter à aucune équivoque, plusieurs difficultés se sont produites. Et d'abord on s'est demandé ce que la loi nouvelle avait fait de la législation en matière d'outrages. La question mérite qu'on s'y arrête quelques instants.

L'art. 68 de la loi nouvelle abroge, ainsi que nous l'avons vu, « les édits, lois, décrets, ordonnances, arrêtés, réglements, dé-« clarations généralement quelconques relatifs à l'imprimerie, à « la librairie, à la presse périodique, au colportage, à l'affichage, « à la vente sur la voie publique et aux crimes et délits prévus « par les lois sur la presse et les autres moyens de publication « sans que puissent revivre les dispositions abrogées par les lois « antérieures. »

Cet article, qu'on s'est à dessein efforcé de rendre aussi général et compréhensif que possible, a évidemment eu pour but d'abroger et abroge toutes les anciennes lois sur la presse. Mais il n'abroge que ces lois. Le texte n'a pas d'autre portée, et les circonstances qui en ont accompagné le vote ne sauraient laisser aucun doute à cet égard. Dans le projet primitif la disposition de l'art. 68 formait les deux premiers articles de la loi. L'art. 1 contenait une formule d'abrogation générale presque identique à celle qui a été définitivement écrite dans l'art. 68. L'art. 2 exceptait formellement de l'abrogation, par une désignation expresse, un certain nombre de dispositions législatives. Au nombre de ces dispositions ainsi formellement exceptées figuraient les art. 222 à 227 du C. pénal, relatifs aux outrages envers les dépositaires de l'autorité et de la force publique. Mais on fit observer que l'art. 2 et la nomenclature qu'il contenait étaient inutiles, dangereux même : inutiles, puisque si la loi nouvelle abrogeait toutes les lois sur la presse, elle ne touchait à aucune autre ; — dangereux, parce que « si dans l'énumération des textes non sujets à « l'abrogation, quelque omission s'était glissée, il semblerait que « les dispositions soumises rentreraient implicitement dans le « cadre des dispositions abrogées [1]. » Tels furent les motifs qui

[1] Discours de M. Lisbonne à la séance du 5 février.

firent supprimer l'art. 2, comme n'étant qu'une superfétation périlleuse. Mais il résulte évidemment de là que le législateur de 1881, loin d'abroger les divers textes de la loi qu'énumérait d'abord l'art. 2 du projet, a eu la volonté expresse de les maintenir.

Dans cette nomenclature figuraient les art. 222 et 227 du Code pénal. Ils sont donc encore en vigueur aujourd'hui ; et en effet, les outrages adressés aux dépositaires de l'autorité publique dans l'exercice de leurs fonctions sont prévus par le Code pénal et n'ont jamais été considérés comme des délits de presse.

Mais quelle est aujourd'hui la portée exacte de ces articles? Quels sont les outrages qu'ils répr ment? Quels outrages sont aujourd'hui de la compétence de la juridiction correctionnelle, et quels, au contraire, de la compétence de la Cour d'assises?

Pour le déterminer, il convient tout d'abord de se reporter à l'état de la législation et de la jurisprudence en matière d'outrages au moment où a été promulguée la loi du 29 juillet 1881.

Voici comment la Cour suprême conciliait l'application des art. 222 et suivants du Code pénal avec celle de l'art. 6 de la loi du 25 mars 1822. Les art. 222 à 227 du Code pénal prévoyaient également les outrages reçus par le magistrat dans l'exercice de sa fonction et ceux qu'il reçoit à l'occasion de cet exercice, ou, ce qui est la même chose, à raison de sa fonction. L'article 6 de la loi du 25 mars 1822 prévoyait uniquement l'outrage fait publiquement à un fonctionnaire public à raison de ses fonctions ou de sa qualité.

La jurisprudence appliquait les art. 222 et suivants du Code pénal :

1º Aux outrages reçus par le fonctionnaire *dans l'exercice de ses fonctions*, dans tous les cas, qu'ils eussent le caractère d'une simple grossièreté ou qu'ils fussent injurieux ou même diffamatoires; qu'ils eussent été commis publiquement ou sans publicité.

2º Aux outrages reçus par le fonctionnaire, à raison de ses fonctions, quand ils avaient été commis sans publicité.

3º Au contraire, elle appliquait l'art. 6 de la loi du 25 mars 1822 aux outrages reçus par le fonctionnaire à raison de ses fonctions, quand ils avaient été commis publiquement.

Tel était l'état de la jurisprudence, au moment où en 1868, M. Blanche écrivait ses études sur le Code pénal [1]. Tel il s'était maintenu jusqu'à la promulgation de la loi, et il faut d'ailleurs reconnaître que cette jurisprudence n'était que l'interprétation très exacte et très juridique des dispositions combinées des divers textes qui régissaient cette matière.

Quelles modifications y a apportées la loi nouvelle? D'une part, et cela est certain, en abrogeant toutes les lois sur la presse, elle a abrogé l'art. 6 de la loi du 25 mars 1882. D'autre part, et cela ne nous semble pas plus douteux, en n'abrogeant que les loi sur la presse, elle a eu l'intention de maintenir et elle a en effet maintenu les art. 222 à 227 du Code pénal. — Enfin elle a déféré au jury tous les délits commis par la voie de la presse ou par tout autre moyen de publication (art. 45 et 47), sauf la diffamation et l'injure envers les simples particuliers.

Les conséquences de ces diverses dispositions nous semblent s'imposer clairement.

Suivant nous, les art. 222 et suivants du Code pénal continuent de s'appliquer aux outrages reçus par le fonctionnaire dans l'exercice de ses fonctions, qu'ils soient ou non publics ; ou à raison de ses fonctions quand ils auront eu lieu sans publicité. Il nous semble en effet évident qu'en maintenant le texte du Code pénal le législateur de 1881 a dû le maintenir avec la portée que lui donnait antérieurement la jurisprudence. On peut dire, au surplus, qu'une telle solution s'impose au bon sens; il faut remarquer en effet que les art. 222 et suivants du Code pénal ne répriment pas seulement les outrages par paroles, mais aussi les outrages par gestes ou menaces, dans lesquels certes on ne pourra jamais voir de délits de presse. Et d'autre part, ne serait-il pas absurde qu'un propos grossier adressé à un agent de police par l'ivrogne qu'il conduit au poste, ou au gendarme par le vagabond qu'il transfère d'une prison à l'autre ne pût être réprimé que par une Cour d'assises? Et nous pensons que dans ce cas le ministère public pourra agir même sans plainte de la partie lésée.

Malgré les termes ambigus de la circulaire adressée par M. le

<hr>

[1] V. Blanche, études sur le C. P. 4e étude, n° 104, p. 147.

Garde des sceaux aux Procureurs généraux pour l'exécution de la loi du 29 juillet, et qui semblent restreindre la compétence correctionnelle, aux « outrages non rendus publics » [1] la jurisprudence ne paraît pas avoir hésité sur ce point. Partout les tribunaux ont continué à appliquer dans les mêmes conditions qu'avant la loi les art. 222 et suivants du Code pénal. Dès le 24 août 1881 le tribunal de la Seine l'applique à un prévenu qui, dans la rue, au moment de son arrestation avait crié [2] : « A mort l'officier d'Andrieux, f... à l'eau. »

Nous le voyons également appliqué le 6 octobre 1881 par le tribunal de Corbeil à un citoyen prévenu d'avoir, sans publicité, traité de canaille un garde particulier qui avait verbalisé contre lui [3] ; — par le tribunal de la Seine le 9 janvier 1882 à Louise Michel qui à l'occasion de la manifestation Blanqui, avait traité les agents qui l'arrêtaient de fainéants et d'assassins [4] ; — le 3 juin aux étudiants arrêtés dans l'affaire des souteneurs [5] ; — enfin par la Cour de Paris, le 17 mai 1882, à un prévenu d'outrage envers un garde particulier [6]. Telle est, croyons-nous, la jurisprudence de tous les ressorts [7].

11. — Mais nous le reconnaissons, si l'outrage a été reçu par le fonctionnaire à raison de ses fonctions et s'il l'a été publiquement, la Cour d'assises seule est aujourd'hui compétente : elle pourra être saisie soit sur la plainte de la partie lésée par le ministère public, soit directement par la partie elle-même. Ce n'est pas que cette solution soit à nos yeux raisonnable et la Cour d'assises

[1] Sirey, lois annotées 1882, p. 233.

[2] *Gazette des Tribunaux* du 25 août 1881.

[3] *Gazette* du 4 janvier 1882.

[4] *Gazette* du 10 janvier 1882.

[5] *Gazette* des 4 et 7 juin 1882.

[6] *Gazette* du 1er juillet. V. également la *Gazette* du 9 novembre.

[7] Depuis que ces pages sont écrites, la Cour suprême a tranché cette question par un arrêt du 15 mars 1883, conforme sur tous les points à la doctrine que nous proposions (*Gaz. des Tribunaux* du 21 mars 1883). La même solution a été adoptée par la Cour de Douai le 21 mars 1883 (*Gaz.* du 24 mars). Au contraire, la Cour de Poitiers, dans l'arrêt du 1er décembre 1882, cassé par la Cour suprême, le tribunal de Lille, le 16 février 1883, le tribunal de Saint-Lô, le 26 décembre 1882 et le tribunal d Arras, le 13 mai 1883, se sont prononcés en sens contraire (V. la *Gazette* du 24 mars 1883).

ne nous semble pas faite pour le jugement de délits de cette nature, — mais cette solution nous paraît être une conséquence virtuelle nécessaire des dispositions de la loi.

Nous ne connaissions sur cette question aucun précédent de jurisprudence; mais la Cour de Poitiers paraît dans un tout récent arrêt, s'être rangée à notre opinion. Un sieur de B*** avait été condamné par le tribunal de la Rochelle à 100 fr. d'amende pour avoir *publiquement* traité un garde-champêtre de *voleur et de canaille* non dans l'exercice de ses fonctions, mais à l'occasion de cet exercice. Sur son appel, la Cour de Poitiers a infirmé la décision des premiers juges et proclamé l'incompétence de la juridiction correctionnelle : « Les injures, porte cet « arrêt, les diffamations, menaces, adressées publiquement à un « fonctionnaire public à l'occasion de l'exercice de ses fonctions « constituent les délits prévus et punis par les art. 31 et 33 « § 1 de la loi du 29 juillet 1881, et non les délits prévus par les « art. 222 et suivants du C. P. abrogés, quant à ce, par l'art. 68 « de la loi précitée, et, par suite ne sont plus de la compétence « de la juridiction correctionnelle, mais doivent être déférés à la « cour d'assises conformément aux articles 45 et 47 de la même « loi [1]. »

Bien que ces motifs ne soient pas à nos yeux irréprochables, la solution nous paraît juste.

12. — Mais quelle sera la juridiction compétente pour connaître de la diffamation et de l'injure envers un témoin à raison de sa déposition? S'il est certain à nos yeux que les art. 222 à 227 du C. P. ont été maintenus par la loi nouvelle, il n'est pas non plus douteux que la loi du 25 mars 1822, loi spéciale à la presse, soit aujourd'hui abrogée, et que par conséquent l'art. 6 de cette loi soit désormais lettre morte.

Or cet article punissait *l'outrage* à un témoin à raison de sa déposition, d'un emprisonnement de 6 jours à un an et d'une amende de 50 fr. à 300 fr. — L'art. 31 de la loi nouvelle punit d'un emprisonnement de huit jours à un an et d'une amende de 100 fr. à 300 fr, la *diffamation* envers un témoin à raison de sa déposition. Il résulte expressément de l'art. 47 de

[1] Arrêt cité par le *Journal de Maine-et-Loire* du lundi 18 décembre 1882.

la loi que ce délit est aujourd'hui justiciable de la Cour d'assises[1].
— Il en résulte non moins clairement qu'au cas de diffamation
envers un témoin la poursuite ne peut avoir lieu que sur la
plainte de la partie qui se prétend diffamée. — Le texte est
formel. Malgré ses courageux efforts dans la discussion, M. Ribot
n'a pu obtenir qu'on laissât dans ce cas au ministère public la
liberté de poursuivre sans la nécessité d'une plainte préalable.

Voilà, pour la diffamation; voici maintenant pour l'injure. Aux
termes de l'art. 33, l'injure envers les personnes désignées aux
art. 30 et 31, par conséquent l'injure à un témoin ou à un juré
sera punie d'un emprisonnement de six jours à trois mois et
d'une amende de 18 fr. à 500 fr. ou de l'une de ces deux peines
seulement.

Mais quelle sera la juridiction compétente? Il semble que
désormais, même au simple cas d'injure, ce sera la Cour d'assises.
Je ne sais si le législateur de 1881 a bien, sur ce point, eu conscience de ce qu'il faisait; mais le sens de la loi n'est vraiment
guère contestable. A la vérité, l'art. 47, qui règle la procédure devant la Cour d'assises dans son paragraphe 4, ne parle que de *diffamation envers* un juré ou un témoin; il ne vise pas l'injure, et son
silence à cet égard ne peut guère être considéré comme une
inadvertance alors que les trois paragraphes qui précèdent visent
à la fois la diffamation et l'injure; mais à ce moment, sans doute
le rédacteur avait oublié le texte de l'art. 45 « sont exceptés et
« déférés aux tribunaux de police correctionnelle les délits et
« infractions prévus par l'art. 33 § 2. » Il n'y a pas d'équivoque
possible, le délit visé par l'art. 33 § 2 c'est l'injure envers les
particuliers; et d'ailleurs le rapport et la discussion ne permet-
tent pas de douter que la diffamation et l'injure envers des particuliers ne soient bien les seuls délits de cet ordre que la loi ait
entendu distraire de la compétence générale de la Cour d'assises.

Cela ne fait donc pas de doute pour nous : le témoin diffamé
comme le témoin outragé ou injurié (car pour le législateur
de 1881 l'outrage par parole est une injure) pourra saisir lui-
même la Cour d'assises; ou le ministère public pourra la saisir sur

[1] Cette solution vient d'être consacrée par un tout récent arrêt de la Cour
de Paris du 23 février 1883. (*Gazette des Tribunaux* du 3 mars 1883).

sa plainte (art. 47), mais la Cour d'assises seule est compétente.

Cependant que faudra-t-il décider lorsque, et ce sera le cas le plus fréquent, l'injure adressée au témoin à raison de sa déposition l'aura été à l'audience d'un tribunal correctionnel, d'une Cour d'appel ou même d'un tribunal de simple police ; quand, en un mot, elle constituera un délit d'audience ?

La question s'est présentée au mois d'août dernier devant la Cour d'Angers : un prévenu avait à l'audience du tribunal correctionnel de Saumur injurié un témoin qui venait de déposer contre lui, en le traitant de *menteur*, et en répétant avec persistance, malgré les observations du Président : « C'est vrai, Monsieur, il en a menti. » — Le tribunal l'avait condamné par application de l'art. 222 du C. pénal.

La Cour, tout en substituant à l'art. 222 du C. P. l'art. 33 de la loi nouvelle, a reconnu la compétence de la juridiction correctionnelle et confirmé le jugement.

« Considérant, dit l'arrêt, que ce délit est, aux termes de l'arti-
« cle 45 de la loi du 29 juillet 1881, de la compétence de la Cour
« d'assises, mais qu'ayant été commis à l'audience du tribu-
« nal de Saumur, il devait être réprimé par ce tribunal, aux
« termes de l'art. 181 du Code d'Instr. cr. dont les dispositions
« exceptionnelles et d'ordre public n'ont point été abrogées par
« la loi du 29 juillet 1881 [1]. »

Cette question n'est pas nouvelle et on peut dire qu'elle a été déjà résolue en 1832 par la Cour suprême, dans une circonstance solennelle. Le 10 janvier 1832, les sieurs Raspail, Blanqui, Bonias, Gervais, Thouret et autres membres de la Société des amis du peuple comparaissaient devant la Cour d'assises de la Seine, sous prévention d'avoir par la publication de divers écrits politiques commis les délits d'excitation à la haine et au mépris du gouvernement du roi, de provocation non suivie d'effet au renversement de ce gouvernement et d'offense envers la personne du roi. Au cours des débats fort animés auxquels donna lieu ce procès, divers incidents se produisirent. Le prévenu Bonias crut devoir protester contre *la manière indigne dont les débats*

[1] Angers 11 octobre 1882, aff. Forest.

étaient conduits. — Sur les réquisitions du ministère public, il fut séance tenante condamné, par application de l'art. 6 de la loi du 25 mars 1822, à 15 jours de prison et 100 fr. d'amende. — Le lendemain 11 janvier, le même Bonias crut pouvoir se plaindre à haute voix de *la bande des juges.* — Le 12, Gervais et Thouret protestèrent contre *la déloyauté de la Cour et du ministère public;* — enfin, dans leur défense, les prévenus usèrent de termes tellement violents que le ministère public crut y voir les délits d'excitation à la haine et au mépris des citoyens les uns contre les autres, d'excitation à la haine et au mépris du gouvernement du roi et d'offense envers la personne du roi. Le Procureur général requit qu'il en fut dressé procès-verbal ainsi que des propos offensants du sieur Bonias. Le jury ayant rapporté un verdict de non culpabilité, les prévenus furent acquittés de la prévention qui avait motivé leur comparution devant la Cour d'assises; mais sur les réquisitions du ministère public, ils furent sans désemparer condamnés par la Cour à diverses peines, à raison des délits par eux commis à l'audience, par application des art. 181, 504 et 505 du C. d'Instr. cr.

Les condamnés se pourvurent en cassation contre cet arrêt : l'un des principaux moyens de leur pourvoi était fondé sur la violation de l'art. 69 de la charte et de la loi du 8 octobre 1830, qui attribuaient au jury la connaissance des délits politiques. — Eloquemment soutenu par M. Crémieux, ce moyen fut non moins éloquemment combattu par M. le Procureur général Dupin ; à l'argumentation de M. Crémieux soutenant qu'il ne fallait pas mettre la magistrature aux prises avec les partis, et que la charte et la loi du 8 octobre attribuaient au jury seul la connaissance de tous les délits commis par un moyen quelconque de publication, M. Dupin répondait en rappelant qu'il fallait apporter à ce principe, en ce qui concerne les délits commis à l'audience, une exception nécessaire; que la loi romaine [1], nos anciennes ordonnances [2], les lois de la Révolution [3] avaient unanimement confié aux juges le

---

[1] Omnibus magistratibus concessum est jurisdictionem suam defendere pœnali judicio. (D.)

[2] Ordonnances d'Ys-sur-Thylle (1535) ch. 1er n° 91.

[3] C. de Brumaire an IV. « Si quelques mauvais citoyens osaient outrager les juges, accusateurs publics, dans l'exercice de leurs fonctions, le président fait saisir à l'instant les coupables. » (Art. 557).

soin de *leur propre vengeance*, qu'elles leur en faisaient même un
devoir rigoureux. — Conformément à ces conclusions la Cour de
cassation rejeta le pourvoi : « Attendu, dit-elle, que l'art. 181 du
« C. d'Ins. cr. donne aux *Cours en général*, et par conséquent
« aux *Cours d'assises*, le droit de juger et punir les délits commis
« dans l'enceinte et pendant la durée de leurs audiences ; qu'obli-
« gée de procéder au jugement de suite et sans désemparer, en
« vertu de la disposition impérative dudit art. 181, — la Cour
« d'assises doit donc constater seule et punir les délits flagrants
« qui sont commis à l'audience.

« Que la charte de 1830 et la loi du 8 octobre de la même an-
« née, en ce qui concerne les délits correctionnels dont elles
« attribuent la connaissance au jury, n'ont nullement modifié la
« juridiction exceptionnelle et *d'ordre public* établie par ledit
« article[1]. »

Dans l'espèce actuelle il s'agissait de l'audience d'une Cour
d'assises. La Cour de Paris a appliqué le même principe à un délit de cris séditeux commis à l'audience d'un tribunal correctionnel. Poursuivi le 21 juillet 1849 devant le tribunal de la
Seine pour injure à des agents de la force publique, Dufètel
venait d'être acquitté quand il s'écria « Vive la république démo-
« cratique et sociale. » Le Ministère public requit immédiatement
sa condamnation pour cris séditeux ; mais le tribunal, se fondant
sur ce que le délit de cris séditieux était un délit politique dont la
connaissance était attribuée au jury par l'art. 83 de la loi du 8
octobre 1830, se déclara incompétent. Sur l'appel du Ministère
public la Cour de Paris infirma ce jugement. « Considérant dit la
« Cour, qu'aux termes de l'art. 181 du Code d'Instr. cr., les Cours
« et tribunaux doivent juger et punir les délits commis dans l'en-
« ceinte et pendant la durée de leurs audiences ; qu'ils sont
« obligés, en vertu de la disposition impérative de cet article, de
« procéder au jugement de suite et sans désemparer, et que la
« loi du 8 octobre 1830 n'a nullement modifié la juridiction ex-
« ceptionnelle et d'ordre public établie par l'art. 181 précité[2]. »

Nous ne croyons pas que la loi du 29 juillet 1881 l'ait mo-

---

[1] Cass. Ch. cr. 27 février 1832 (S. 32, 1, 161).
[2] Paris 18 août 1849 (S. 49, 2, 487).

difiée davantage. — La raison, en effet, est d'acord avec la jurisprudence et avec l'histoire pour reconnaître qu'il y a là une nécessité d'ordre public. Tout délit commis à l'audience, quelle qu'en soit la nature, est une atteinte portée à la liberté comme à la dignité de la justice, à la souveraineté dont le juge est l'émanation. Il est nécessaire pour l'autorité de la justice que de pareils délits reçoivent une répression immédiate. L'outrage à un témoin à l'audience, non moins que l'outrage au juge, rentre au premier chef dans la catégorie de ces délits que le juge a non seulement le pouvoir, mais le devoir de réprimer sans désemparer. Nous pensons donc que la Cour d'Angers a bien jugé, en appliquant, dans son arrêt du 11 octobre dernier, l'art. 31 de la loi nouvelle au prévenu d'injures envers un témoin, proférées à l'audience d'un tribunal correctionnel.

13. — Si, au lieu d'un témoin, ce sont les magistrats eux-mêmes qui sont injuriés à l'audience, la juridiction devant laquelle ces injures sont proférées est compétente pour les réprimer à un double titre : et à raison de l'attribution spéciale que la loi lui confère au regard des délits d'audience, et à raison de ce que les magistrats continuent à être protégés par les art. 222 et suivants du Code pénal. Deux applications de ce principe ont été faites récemment, l'une par la Cour d'assises du Rhône à un accusé qui avait crié à l'avocat général Tallon, en entendant son réquisitoire : « C'est votre arrêt de mort [1] ; » — l'autre par le Tribunal de Tournon à un prévenu qui s'était écrié à l'audience : « La justice est une canaille [2]. » Cela ne saurait évidemment faire difficulté.

14. — Fidèle à la tradition libérale de 1819, la loi du 29 juillet a admis que la vérité des imputations diffamatoires relatives aux fonctions peut être établie contre toute personne qui est, à un degré quelconque, dépositaire de l'autorité publique ; et sur l'initiative du Sénat désireux de mettre « la crédulité à l'abri de « la spéculation [3] l'art. 35 a assimilé sur ce point aux déposi« taires de l'autorité publique les directeurs ou administrateurs « de toute entreprise industrielle, commerciale, ou financière fai-

---

[1] Arrêt du 16 août 1882, *Gazette des Tribunaux* du 22.

[2] *Gazette* du 8 novembre 1881.

[3] Expressions tirées du rapport de M. Pelletan.

« sant publiquement appel à l'épargne ou au crédit. » On ne peut que féliciter le législateur de 1881 d'une aussi heureuse innovation. S'il est en effet un usage légitime de la presse, n'est-ce pas celui qui consiste à signaler les procédés d'une spéculation éhontée, à prémunir le public contre l'audace avec laquelle on poursuit ses capitaux et l'on cherche, sans pudeur, à détourner au profit d'affaires sans nom l'épargne nationale?

Et cependant jusque-là les journaux ne pouvaient le faire sans s'exposer à une condamnation presque certaine.

Mais quelle sera dans ce cas la juridiction compétente? La question n'est pas sans difficultés.

Pour être assimilés, quant à la preuve des faits diffamatoires qu'on leur impute, aux dépositaires de l'autorité publique, les directeurs ou administrateurs de sociétés financières perdent-ils le caractère de personnes privées, de simples particuliers? La jurisprudence ne l'a pas pensé. Le tribunal de Nice d'abord le 2 décembre 1881 [1], la Cour d'Aix ensuite [2] le 1er mars 1882 et enfin la Cour de cassation à la date du 29 juin [3] ont admis que le tribunal correctionnel seul est compétent pour connaître d'une action en diffamation introduite par l'administrateur d'une entreprise financière contre l'auteur d'un article publié dans un journal, et que c'est devant ce tribunal que doit être administrée la preuve des faits diffamatoires allégués contre le plaignant par le défendeur à l'action en diffamation. Et la même doctrine a été adoptée par un jugement du tribunal de la Seine du 4 mai 1882 [4], par un arrêt de la Cour de cassation du 29 juin 1883 [5] et par un arrêt de la Cour de Paris du 6 janvier 1883 [6].

L'argumentation sur laquelle s'appuient ces diverses décisions peut se résumer ainsi. La loi du 29 juillet 1881 distingue deux sortes de diffamation : la diffamation envers les dépositaires de l'autorité publique, prévue par l'art. 31, et la diffamation envers les sim-

---

[1] S. 1882, 2, p. 88.

[2] S. Ibidem.

[3] *Gazette* des 30 juin et 5 juillet 1882.

[4] Tribunal de la Seine 4 mai 1882 (S. 1882, 2, 140, aff. Dubois de Jancigny. *Sic* Georges Petit, *Texte de la loi sur la Presse*, p. 72).

[5] *Gazette* du 5 juillet 1882.

[6] *Gazette* du 19 janvier 1883.

ples particuliers, régie par l'art. 32. Or aux termes de l'art. 45, le prévenu de diffamation envers les dépositaires de l'autorité publique est justiciable de la Cour d'assises ; le prévenu de diffamation envers les simples particuliers est justiciable des tribunaux correctionnels. Si, dans un intérêt général, l'art. 35 a exceptionnellement réservé au diffamateur de l'administrateur d'une entreprise financière la preuve de faits diffamatoires, on ne saurait en conclure, contrairement au texte formel de l'art. 45, que la poursuite doive avoir lieu devant la Cour d'assises ; en effet, les administrateurs d'entreprises financières n'en restent pas moins de simples particuliers et ne sont passibles d'autres peines que celles édictées par l'art. 32. Enfin, on fait remarquer que l'art. 47 réglant la procédure devant la Cour d'assises, et énumérant les différents cas de diffamation et d'injure qui peuvent être soumis au jury, ne fait aucune mention de la diffamation contre l'administrateur d'une entreprise industrielle ou financière. — D'un autre côté, on rappelle que dans son rapport verbal fait à la Chambre des députés, le 14 février 1881, M. Lisbonne a déclaré que « le « jury devenait juge d'attribution en matière de délits de presse, « que la Cour d'assises était la règle générale et que les excep- « tions devaient être spécialisées. » Dans la séance du lendemain 15 février, précisant davantage encore, en réponse à M. Madier de Montjau, la pensée de la commission, M. Lisbonne déclare : « Nous renvoyons devant le jury tous les délits à l'ex- « ception de ceux que mentionne le § 2 de l'art. 45... et dans « cette énumération il n'est fait qu'une seule dérogation véritable « au principe que nous avons posé, c'est celle qui concerne le « délit d'outrage envers les souverains étrangers, car ce n'est pas « une dérogation que d'attribuer au tribunal correctionnel le « délit de diffamation et d'injures envers les simples particuliers, « *hypothèse qui exclut l'admissibilité de la preuve des faits* « *diffamatoires* ou injurieux. » Il résulte bien évidemment, dit-on, de ce texte que dans la pensée des auteurs de la loi la preuve des faits diffamatoires supposait nécessairement la compétence de la Cour d'assises. Le Sénat a cru pouvoir étendre au diffamateur d'un administrateur de société financière, la faculté de se disculper en apportant la preuve des faits par lui allégués, la Chambre des députés a accepté sans discussion cette modification ; mais certainement ni l'une ni l'autre des deux Chambres, n'ont, en ce faisant, voulu modifier l'ordre des juridictions tel qu'il était établi par la loi. — On remarque en outre que l'art. 45 vise seulement l'art. 32 et non l'art. 35 § 2 ; qu'une telle solution est la seule conforme à l'esprit libéral de la loi comme à la véritable pensée du législateur ; que l'administrateur qui au nom d'une société fait appel au crédit, comme le citoyen qui accepte une délégation publique, appartient désormais au public, et que si le législateur a voulu leur faire une situation identique au point de vue de la preuve des faits, il a dû la leur faire également ment au point de vue de la juridiction. Nous sommes convaincu pour notre part, que si l'attention du législateur de 1881 avait été appelée sur ce point, il eût renvoyé les administrateurs des sociétés de crédit devant la Cour d'assises, et nous pensons qu'il ne s'est pas suffisamment rendu compte de l'économie et de la portée des textes qu'il consacrait ; mais il nous semble difficile que des considérations, si graves qu'elles soient, puissent prévaloir devant le texte de la loi. Or le rapprochement des textes conduit forcément à la solution que la jurisprudence a consacrée.

15. — Un ministre du culte catholique doit-il être considéré comme rentrant dans la catégorie « *des citoyens chargés d'un* « *service ou d'un mandat public* » dont parle l'art. 31 de la loi du 29 juillet? Le tribunal de Grenoble a admis l'affirmative dans un jugement de 18 janvier 1882[1], et nous croyons que c'est avec raison. Il est vrai que, dans l'espèce, l'ecclésiastique diffamé était en même temps directeur d'un petit séminaire ; mais nous croyons que cette solution eût été justifiée par sa *seule qualité de ministre du culte.* Tel est d'ailleurs le sentiment de la Cour suprême, qui, dans un arrêt tout récent, a reconnu que la loi nouvelle range les ministres du culte dans la catégorie des citoyens chargés d'un service public. Mais à leur égard, comme à l'égard de tous les fonctionnaires, il faut distinguer si la diffamation leur est adressée à raison de faits relatifs à leurs fonctions, ou à raison de faits relatifs à leur vie privée ; c'est dans le premier cas seulement que la Cour d'assises est compé-

[1] Dutruc n° 231, *Journal du M. P*, t. 25

tente. En vain soutiendrait-on que le caractère du prêtre étant indélébile, on ne saurait distinguer entre ses fonctions de ministre du culte et sa vie privée. Et, par exemple, reprocher à un ministre du culte d'avoir des relations avec sa domestique, c'est le diffamer à raison de sa vie privée, et le tribunal correctionnel est seul compétent pour connaître d'une diffamation de cette nature[1].

16. — L'injure publique adressée par un journal à un citoyen à raison de sa candidature est-elle de la compétence de la Cour d'assises ou de la compétence du tribunal correctionnel ? La Cour d'assises de la Seine a justement décidé que le candidat ne cesse pas d'être un homme privé, et que les injures qui le visent sont justiciables du tribunal correctionnel[2].

17. — L'art. 31 de la loi du 29 juillet s'applique-t-il aux étrangers chargés temporairement par la France d'un service public, aussi bien qu'aux Français eux-mêmes, et, par suite, les diffamations qui peuvent les atteindre à raison des fonctions qu'ils remplissent, sont-elles de la compétence de la Cour d'assises ou du tribunal correctionnel ? La Cour de Paris dans un arrêt tout récent, s'est prononcée pour la compétence du jury[3]. « Considé-« rant, dit l'arrêt, qu'il serait impossible de comprendre que les « étrangers temporairement employés par le gouvernement fran-« çais, puissent trahir ou compromettre des intérêts publics qui « leur sont confiés, sans être soumis au contrôle de l'opinion et « aux jugements de la presse, dans les mêmes conditions où la « loi place les citoyens français ; que cette expression de citoyen, « inscrite dans l'art. 31 de la loi du 29 juillet, ne doit pas être prise « à la lettre et s'étend à tous les particuliers investis d'une délé-« gation de l'autorité. » Nous estimons que ces motifs sont judicieux et que la solution est exacte.

III.

QUESTIONS DE PROCÉDURE.

18. — Quelques-unes des questions soulevées par la loi nou-

---

[1] Cassation 25 janvier 1883, *Gazette des Tribunaux* du 26 janvier.

[2] Cour d'assises de la Seine 15 octobre 1881 (S. 1882, 2, 89). *Sic*, Dutruc, n° 223.

[3] C. de Paris, 24 janvier 1883, aff. Carmona, *Gazette* du 27 janvier.

velle qui ont donné lieu aux plus vifs dissentiments sont des questions de procédure.

Par un retour à la législation de 1819, si solide qu'on lui emprunte encore même en l'abrogeant, la loi du 29 juillet 1881 impose au plaignant, quel qu'il soit, ministère public ou simple particulier, l'obligation de préciser et de qualifier les faits incriminés, en indiquant le texte de loi applicable à peine de nullité de la citation qu'il notifie. La même obligation est imposée au ministère public dans la rédaction du réquisitoire par lequel il saisit le magistrat instructeur aux fins d'informer. Cette disposition édictée par les art. 50 et 60 de la loi n'est que la reproduction à peu près textuelle de l'art. 6 de la loi du 26 mai 1819.

La citation sera donc nulle quand elle n'énoncera pas, au moins par leurs numéros d'ordre, les articles de loi dont l'application pénale est à faire [1]; quand elle ne contiendra aucune indication du texte de loi applicable à la poursuite [2], quand ce texte n'aura été qu'inexactement cité [3]. Toutefois il suffira d'invoquer l'article qui nomme le délit et prononce la peine applicable sans viser en même temps ceux qui contiennent la simple définition du délit relevé [4]; il suffira d'indiquer exactement le numéro de cet article sans en reproduire *in extenso* le texte lui-même : il suffira de désigner avec précision les écrits incriminés sans en rapporter les termes. Ainsi l'ont jugé la Cour de Paris et la Cour de cassation dans l'affaire Challemel-Lacour, contrairement à la décision du tribunal de la Seine [5]. Nous croyons qu'elles ont bien jugé. Les dispositions de la loi n'ont en effet d'autre but que de faire con-

[1] Tribunal de la Seine 17 août 1881 (S. 82, 2, 92), 19 août 1881 (Ibid. p. 93).

[2] Tribunal de Compiègne 22 novembre 1881. (S. 82, 2, 93); Tribunal d'Oran 14 décembre 1881. (Ibid. p. 93).

[3] Tribunal de la Seine 18 janvier 1882. (S. 82, 2, 94).

[4] M. Albert Desjardins (*Revue critique*, livraison de février, p. 112) s'élève avec force contre cette dernière solution. Quelque ingénieux et puissants que soient les arguments par lui invoqués, nous persistons à croire que la jurisprudence est dans le vrai, et qu'aller plus loin qu'elle serait exagérer le formalisme de la loi.

[5] Cass. 10 mars 1882. (S. 1882, 1, 234). V. également Cour d'ass. de la Seine 26 décembre 1881, aff. Tonnelier-Vidal, *Gazette* des 26 et 27 décembre 1881.

naître au prévenu, de manière à ce qu'il ne puisse s'y tromper, le
fait qui motive la poursuite ainsi que la peine que ce fait peut entraîner contre lui ; et l'on ne saurait raisonnablement soutenir
qu'il n'ait pas été satisfait au vœu de la loi, quand la citation dé-
signe par son numéro d'ordre l'article qui édicte la peine, et
précise l'écrit ou le fait poursuivi d'une façon qui exclut toute
équivoque.

Mais, si la citation est nulle, quelle sera la nature de cette nullité ? Sera-ce une nullité d'ordre public que le juge devra appliquer même dans le silence de la partie ; même, si loin de l'invoquer, elle y renonce ? Oui répondent les tribunaux de la Seine,
de Compiègne, d'Oran [1], les Cours de Dijon [2] et de Paris [3] ; non
répondent, au contraire, les Cours de Douai [4], d'Agen [5], de Besançon, [6] d'Angers [7].

A la vérité, les décisions qui se sont prononcées dans le premier
sens, n'ont guère d'autre valeur que celle d'une affirmation
sans preuve : « Attendu que cette nullité est d'ordre public »,
tel est, en effet, l'unique motif qu'invoquent à l'appui de leurs
décisions les trois tribunaux et les deux Cours qui ont attribué
à la nullité édictée par la loi un caractère absolu. C'est peut-
être un peu bref, et la chose valait sans doute la peine qu'on la
démontrât plus clairement.

Le seul motif qui se laisse deviner sous le laconisme vraiment
excessif de ces jugements et arrêts, le seul que nous ayons
entendu donner à l'appui de cette première opinion, c'est que la
rédaction correcte de la citation intéresse la liberté de la défense.
Cette raison à notre avis ne prouve rien, car elle prouverait trop.
Ce n'est pas seulement en matière de presse que la liberté de la
défense a besoin d'être assurée, et nous ne sachions pas qu'en
matière pénale ordinaire, les irrégularités de la citation aient
jamais été considérées comme entraînant une nullité d'ordre

[1] S. 1882, 2ᵉ p. 93 et 94.
[2] Dijon 28 décembre 1881 (S. 82, 2, 86).
[3] Paris 4 février 1882 (S. 82, 2, 134).
[4] Douai 28 mars 1882 *Gazette des Tribunaux* du 13 av ril.
[5] Agen 5 mai 1882 (S. 82, 2, 134).
[6] Besançon 7 juillet 1882 (S. 82, 2, 159).
[7] Angers 17 juillet 1882 (S. 82, 2, 187).

public. Ne voyons-nous pas, tous les jours, des prévenus assignés
en vertu d'une assignation nulle renoncer à se prévaloir de
cette nullité et accepter le débat? Et, notamment dans l'espèce
jugée par le tribunal de Compiègne, le prévenu déclarait expressément qu'il n'entendait pas se prévaloir de la nullité de la cita-
tation. La déclarer nulle malgré lui, lui dire qu'il n'a pu préparer sa défense quand il se déclare prêt à se défendre, n'est-ce
pas vraiment, pour employer une expression familière, se montrer
plus royaliste que le roi?

C'est ainsi que la Cour d'Agen a refusé de prononcer la nullité d'une citation « alors que cette nullité n'avait pas été invo-
« quée par le prévenu devant les premiers juges, et que, loin
« de s'en prévaloir, il avait accepté le débat au fond, et pré-
« senté ses moyens de défense sur les propos à lui imputés
« dont il avait reconnu l'exactitude. » — La Cour de Besançon : « alors qu'il avait suivi les enquêtes et contre-
« enquêtes faites devant le tribunal et conclu au fond. » — La
Cour d'Angers, alors que devant les premiers juges « il avait
« fourni ses explications, s'était associé aux conclusions à fin
« d'enquête prises par le demandeur et auxquelles le tribunal
« avait fait droit. »

Ces diverses décisions commencent par rappeler qu'aux termes
de l'art. 173 du Code de Pr. civile « toute nullité d'exploit ou
« d'acte de procédure est couverte, si elle n'est proposée avant
« toute exception autre que les exceptions d'incompétence. »

Une doctrine constante et une jurisprudence unanime ont déclaré ce principe applicable aux matières criminelles comme aux
matières civiles; et il ne paraît pas que sous l'empire de la loi
du 26 mai 1819, dont les art. 50 et 60 de la loi nouvelle ne sont
que la reproduction, on ait admis qu'il dérogeât à la règle générale. Rien, ni dans le texte de la loi nouvelle, ni dans les discus-
sions qui en ont préparé le vote, n'autorise à penser que le législateur de 1881 ait voulu innover à cet égard : il résulte, au contraire, expressément du rapport de M. Lisbonne à la Chambre
des députés, que les exigences de la loi n'ont d'autre but « que
« de faire connaître avec exactitude au prévenu l'objet de la
« poursuite, et de le mettre en mesure de préparer tous les élé-

« ments de sa défense [1]. » Enfin on invoque une autre série d'arguments tirés à la fois du texte et de l'esprit de la loi nouvelle. Aux termes de l'art. 54, tout incident sur la procédure suivie devant la Cour d'assises doit, à peine de forclusion, être soulevé avant l'appel des jurés, c'est-à-dire avant toute défense au fond. Pourquoi en serait-il autrement devant le tribunal correctionnel qui connaît de délits moins graves que ceux déférés à la Cour d'assises? On fait remarquer enfin qu'en matière de diffamation, la validité de la citation intéresse si peu l'ordre public que l'action publique est constamment tenue en échec par la partie civile, puisque le ministère public ne peut poursuivre sans une plainte de la partie lésée et que le plaignant reste toujours maître d'arrêter la poursuite par son désistement. Ce dernier argument spécial à un délit déterminé, n'a sans doute pas une portée décisive, mais nous ne voyons pas ce qu'on peut répondre à celui qu'on tire de l'art. 54. Nous croyons donc que cette doctrine est la seule conforme au texte comme à l'esprit de la loi, et nous sommes convaincu que la Cour suprême la consacrera au jour prochain, sans doute, où elle sera appelée à trancher les hésitations de la jurisprudence [2].

19.—Ainsi que nous l'avons vu plus haut, la jurisprudence paraît fixée en faveur de la compétence de la juridiction correctionnelle pour le jugement des diffamations dirigées contre les directeurs d'entreprises financières, industrielles ou commerciales. — Si l'on reconnaît cette compétence, quelle sera dans ce cas la procédure à suivre pour administrer la preuve des faits diffamatoires? — Devra-t-on adopter la marche indiquée par l'art. 52 de la loi nouvelle pour la preuve à faire devant la Cour d'assises, ou devra-t-on simplement se conformer aux règles tracées en matière ordinaire par le Code d'instruction criminelle? Cette dernière solution avait été admise le 28 janvier 1882 par le tribunal de Lille [3]. Ce jugement se fonde sur ce que l'art. 52 de la loi nou-

[1] Circ. du Garde des sceaux.

[2] *Sic*, Dutruc n° 428. M. Desjardins (*Revue critique*, livraison de février, p. 110), se prononce dans le même sens. Depuis que ces pages sont écrites, la Cour suprême vient, en effet, de consacrer cette solution par un arrêt du 10 février 1883. (*Gazette des Tribunaux* des 5-6 mars 1883).

[3] Sirey 1882, 2, p. 91.

velle ne se réfère qu'à la procédure devant la Cour d'assises, et qu'au contraire l'art. 60, qui règle la procédure devant les tribunaux correctionnels, renvoie expressément au Code d'instruction criminelle; qu'au surplus il est impossible d'appliquer en cette matière les dispositions de l'art. 52, puisque dans la juridiction correctionnelle le délai de la citation est de trois jours seulement. Ne semble-t-il, pas, en effet, que la procédure à suivre doive résulter forcément de la juridiction à laquelle compétence est reconnue? Peut-on suivre devant le tribunal correctionnel une procédure qui exige entre la citation et la comparution un délai de douze jours, et, sous peine de déchéance, la notification dans les cinq jours qui suivent la citation, c'est-à-dire sept jours au moins avant l'audience, des faits qu'on entend prouver, des pièces et des témoins au moyen desquels on entend faire cette preuve? Comment concilier ces exigences avec la faculté d'assigner à trois jours francs? Malgré la gravité de ces motifs, la Cour de cassation s'est prononcée en sens contraire. Dans l'arrêt où elle affirme la compétence de la juridiction correctionnelle, elle décide en même temps qu'on devra suivre devant cette juridiction, la procédure organisée par la Cour d'assises : « Attendu, dit cet ar- « rêt, que l'art. 52 de la loi dont l'objet est de régler les forma- « lités et les délais applicables à la preuve, se réfère sans distinc- « tion aux dispositions de l'art. 35, et, par suite, au cas de « diffamation envers les directeurs ou administrateurs dont il « s'agit ; mais que cette référence n'a pas pour effet de changer, « pour ce dernier cas, la compétence établie par l'art. 32, *qu'il* « *en résulte seulement que les garanties spéciales édictées par la* « *loi, pour la preuve en matière de diffamation, lorsqu'elle est* « *autorisée, doivent être observées devant la juridiction correc-* « *tionnelle aussi bien que devant la Cour d'assises* [1]. »

— La démonstration peut sembler un peu brève. Depuis cette époque, et dans un arrêt tout récent du 6 janvier 1883 [2], la Cour de Paris a admis également que la procédure à suivre pour faire devant les tribunaux correctionnels la preuve des faits diffamatoires doit être, *autant que possible*, la procédure suivie devant

---

[1] Cass. 29 juin 1882, *Gazette des Tribunaux* du 5 juillet.

[2] *Gazette* du 19 janvier 1883.

la Cour d'assises. Ainsi notamment le défaut de notification de la citation au ministère public prescrit par l'art. 50 devra entraîner là, comme devant la Cour d'assises, la nullité de la poursuite. Toutefois la Cour est forcée d'admettre qu'il y a des tempéraments nécessaires, et que les deux procédures doivent être combinées : « Attendu dit l'arrêt, que si certaines « formalités spéciales à la Cour d'assises ne peuvent être rem- « plies lorsque la poursuite a lieu devant la juridiction correction- « nelle, etc. » On le voit, tout cela est assez peu conséquent. C'est qu'en effet, c'est par une pure inadvertance du législateur, que la juridiction correctionnelle est aujourd'hui compétente pour connaître des diffamations dirigées contre les administrateurs d'entreprises industrielles, financières ou commerciales ; c'est que la loi n'a jamais organisé la preuve et n'a même pas songé à organiser la preuve des faits diffamatoires devant les tribu- naux correctionnels. Comme le dit justement l'annotateur de la *Gazette des Tribunaux* qui recueille ces arrêts, « il y a dans la loi « du 29 juillet 1881, une lacune évidente : la jurisprudence comble « cette lacune. » — C'est bien un peu, en effet, du droit prétorien[1].

Toutefois, après mûr examen, nous pensons que l'économie des dispositions de la loi, rapprochée des précédents législatifs, imposait aux magistrats la solution qu'ils ont consacrée. Il n'y a pas, en effet, en cette matière, (M. Desjardins a raison de le remarquer), de connexité nécessaire entre la juridiction et la procédure. Si la preuve des faits diffamatoires imputés aux fonctionnaires publics est autorisée, ce n'est pas qu'elle ne puisse avoir lieu que devant la Cour d'assises, c'est que la vie publique des fonctionnaires est soumise au contrôle de tous les citoyens, et que la société a intérêt à appeler la lumière sur leurs fautes. Aussi la loi du 29 décembre 1875, dont l'art. 1er attribuait aux tribunaux correctionnels la connaissance de la diffamation, de l'outrage et de l'injure envers toute personne et tout corps constitué, déclarait (art. 7), « que la preuve des faits diffamatoires, « dans les cas où elle était autorisée par la loi, aurait lieu devant

---

[1] Sur ce point M. Dutruc se range à l'avis de la Cour de cassation. V. n°s 256, 257, 353. Il en est de même de M. Desjardins, *Revue critique*, livrai- son de février 1883 p. 95 et suiv.

« le tribunal correctionnel, conformément aux art. 20 à 25 de
« la loi du 26 mai 1819. » — « La loi, disait M. Buffet dans
« l'exposé des motifs [1], permet la preuve des faits diffamatoires
« imputés aux fonctionnaires publics. Nous ne vous proposons
« pas de toucher à ce principe salutaire. La preuve se fera devant
« le tribunal correctionnel de la même manière qu'elle se ferait
« devant le jury. » — On le voit, la loi de 1875 empruntait, pour
ce cas, la procédure de la Cour d'assises et la transportait devant
le tribunal correctionnel. La loi du 29 juillet 1881 ne s'est pas
explicitement prononcée sur ce dernier point. Mais, quand, à la
fois, elle déférait au tribunal correctionnel, la connaissance de la
diffamation contre les directeurs ou administrateurs des sociétés
industrielles ou financières, et réservait au diffamateur la preuve
des faits par lui articulés, elle admettait virtuellement dans
ce cas, un retour nécessaire à la procédure organisée par la
loi du 7 décembre 1875.

20. — Le droit de faire contre un fonctionnaire public la
preuve des faits diffamatoires est soumis, à peine de déchéance, à
la condition de signifier les moyens de preuve dans les cinq jours
de la citation, et, de son côté, la partie adverse a un délai de
cinq jours pous faire ses notifications. Mais que faudra-t-il décider, au cas de condamnation par défaut, si le condamné forme
opposition ? Le délai de cinq jours à partir de la citation origi-
naire qu'accorde l'art. 52 de la loi devra-t-il recommencer à
courir à partir de l'opposition ? Il en était ainsi sous l'empire de
la loi de 1819, et, depuis la loi nouvelle, la Cour d'assises de la
Seine s'est prononcée dans le même sens à la date du 15 novembre 1881 par un arrêt fortement motivé dont nous acceptons
complètement la solution libérale [2].

21. — La preuve ne peut porter que sur les faits mêmes qui
ont donné lieu à la poursuite en diffamation : elle ne saurait,
sous aucun prétexte, être étendue à d'autres faits, à moins qu'il
n'y ait indivisibilité. Ainsi l'a décidé la Cour de cassation le
23 juin 1882 [3]. C'est là un point incontestable et qui n'avait pas,

[1] S. Lois annotées, 1876, p. 92.

[2] Sirey 1882, 2, p. 89.

[3] Aff. de la *Lanterne* Tourné c. Dutruc, n° 261.

ce semble, besoin d'être affirmé par une autorité aussi haute.

22. — Les règles et conditions auxquelles est soumis le droit de faire la preuve des faits diffamatoires sont d'ordre public. Le consentement de la partie lésée ne peut relever la partie poursuivie des déchéances par elle encourues. Ainsi, du moins, l'a décidé, par application de l'art. 52, la Cour d'assises de la Seine le 15 novembre 1881 [1]. Une telle solution peut sembler peu conséquente, lorsqu'on n'admet pas que les nullités dont peut être viciée la citation soient également d'ordre public. Toutefois elle est conforme à la jurisprudence admise dans la législation antérieure [2]. Et il faut bien reconnaître avec la Cour d'assises de la Seine que si la preuve des faits diffamatoires a été autorisée et organisée, « c'est autant dans un intérêt général que dans un « intérêt privé. » Nous inclinons, en somme, à croire que cette solution est exacte.

23. — Quand l'infraction poursuivie a donné lieu à une information suivie d'un arrêt de renvoi devant la Cour d'assises, y a-t-il lieu de notifier cet arrêt au prévenu et de dresser un acte d'accusation? Sous l'empire de la loi ancienne, la jurisprudence admettait que l'accomplissement de ces formalités prescrites, en matière ordinaire, par l'art. 241 du Code d'instruction criminelle, était convenable, mais non indispensable. Conformément à ces précédents, la Cour de cassation a décidé le 4 mars 1882 [3] que la notification de l'arrêt de renvoi et la rédaction d'un acte d'accusation ne sont pas non plus nécessaires sous la loi nouvelle et qu'il suffit dans ce cas, au ministère public, de faire citer directement le prévenu.

24. — Mais la liste des jurés doit être signifiée au prévenu à peine de nullité [4].

25. — En matière de diffamation, la question posée au jury sur la culpabilité du prévenu comprend virtuellement l'élément relatif à la preuve : par suite, la déclaration du jury reconnaissant le prévenu coupable implique nécessairement que la preuve

---

[1] S. 1882, 2, p. 89.

[2] Cass. 1er avril 1881 (S. 81, 1, 232). *Sic*, de Grattier t. I, n° 482.

[3] *Journal du M. P.* 25. *Sic*, Dutruc, n° 372.

[4] Cass. 8 décembre 1881, *Gazette* du 16. *Sic*, Dutruc, n° 404.

des faits diffamatoires n'a pas été faite contre le fonctionnaire diffamé, sans qu'il soit nécessaire de poser au jury une question distincte relative à la preuve. Ainsi l'a justement décidé, suivant nous, la Cour de cassation, le 20 janvier 1883 [1].

On sait d'ailleurs que sur ce point le Sénat a été saisi par M. Bozérian d'un projet de loi que la haute assemblée a pris en considération et qui tend à déterminer les conditions dans lesquelles le jury devra être interrogé en matière de presse [2].

26. — Aux termes de l'article 35 de la loi nouvelle, le tribunal saisi de l'action en diffamation contre un particulier, doit surseoir à statuer, si les faits imputés au plaignant sont légalement punissables et ont motivé un commencement de poursuite de la part du ministère public ou une plainte de la part du prévenu. Sous l'empire de la loi du 26 mai 1819 (art. 25), la jurisprudence décidait que ce sursis était obligatoire et non facultatif pour le juge [3]. Cette jurisprudence, affirmée par un récent arrêt de la Cour suprême, doit évidemment être suivie encore aujourd'hui sous l'empire de la loi nouvelle.

27. — La Cour de cassation a décidé avec raison qu'en l'absence de dispositions spéciales dans la loi du 29 juillet 1881, l'article 416 du Code d'instruction criminelle restait applicable en matière de presse [4]. Par conséquent, le pourvoi contre les jugements ou arrêts préparatoires et d'instruction ne sera recevable qu'après l'arrêt ou jugement définitif. Les jugements ou arrêts rendus sur la compétence peuvent toujours être l'objet d'un pourvoi distinct. Et l'on doit considérer comme un simple préparatoire l'arrêt qui statue sur l'irrégularité de la citation, mais non celui qui, en déclarant la citation nulle, évoque l'affaire au fond [5].

IV.

28. — Aux termes de l'art. 65 de la loi nouvelle, l'action pu-

---

[1] Affaire Alype, *Gazette* du 21 janvier.

[2] Séance du Sénat du 27 juin 1882.

[3] Cass. 15 décembre 1881. (S. 82, 1, 338). *Sic*, Dutruc, nº 265.

[4] Cass. 10 mars 1882 (S. 82, 1, 234). Cass. 24 février 1882. *Sic*, Dutruc, nº 432.

[5] Cass. 10 mars 1882 déjà cité.

blique et l'action civile résultant des crimes, délits, et contraventions qu'elle prévoit, se prescrivent par trois mois révolus, sans qu'il y ait lieu de distinguer si le point de départ de la prescription est le délit lui-même ou un acte de procédure qui l'a interrompue [1]. — Mais une simple plainte au Parquet ne saurait équivaloir à un acte de procédure et avoir l'efficacité d'interrompre la prescription [2].

29. — Et l'arrêt de la Cour de cassation qui donne au prévenu acte du désistement de son pourvoi contre une décision qui a déclaré la juridiction correctionnelle compétente, fait courir la prescription contre la partie civile, sans que cet arrêt ait besoin de lui être notifié [3]. Cette décision récente de la Cour de cassation nous semble rigoureuse.

30. — On s'est demandé si sous l'empire de la loi nouvelle, le juge peut modifier la qualification des faits dont il a été régulièrement saisi par la citation. En matière ordinaire, ce droit du juge est incontestable. Une jurisprudence formelle reconnaît qu'il n'est pas lié par la qualification provisoire qu'ont donnée aux faits, soit l'ordonnance, soit la citation qui l'ont saisi, pourvu que la qualification nouvelle soit implicitement contenue dans les termes de la citation ou de l'ordonnance [4]. En est-il de même en matière de presse? Il semble que non, puisque la loi, dans son art. 50, exige *à peine de nullité* que la citation contienne l'indication précise des écrits, discours ou propos qui sont l'objet de la poursuite *ainsi que la qualification des faits, et l'indication des textes de loi invoqués à l'appui de la demande.* Il semble bien qu'en édictant, dans l'intérêt de la défense, ces prescriptions rigoureuses, le législateur ait voulu que la prévention dont il exige à peine de nullité une définition précise, excluant toute erreur, ne puisse subir au cours des débats aucune modification. Si la partie qui se plaint d'une injure doit, à peine de nullité, préciser dans sa citation les propos injurieux et invoquer, par son numéro d'ordre, l'article de loi qui punit

[1] C. de Douai 19 juin 1882, *Gazette* du 12 juillet.

[2] Tribunal de Saint-Jean-d'Angély, 16 décembre 1881, *Gazette* du 1ᵉʳ janvier 1882.

[3] Cass. 27 janvier 1883, *Gazette* du 28.

[4] V. notamment Cass. 28 août 1845 (Smitht) et 7 novembre 1856 (Derivry).

l'injure, comment admettre que le juge puisse déclarer ces propos diffamatoires, et appliquer au prévenu l'article qui punit la
diffamation ou réciproquement? Ne serait-ce pas violer et l'esprit et le texte même de la loi? Cependant la Cour d'Angers a
cru pouvoir dans deux arrêts se conformer au principe général.
Dans un premier arrêt du 17 juillet 1882, elle a substitué la
qualification d'injure à celle de diffamation dont la citation l'a-
vait saisie. « Attendu, dit cet arrêt, que si la Conr ne peut sta-
« tuer que sur les faits précisés par la citation, il ne lui est,
« du moins, interdit par aucune disposition de la loi de substi-
« tuer à la qualification erronée que leur a donnée la citation
« une qualification plus exacte [1]. » — Dans un second arrêt en
date du 18 décembre 1882 [2], la même Cour a cru pouvoir
substituer à la qualification d'outrage à un garde champêtre
celle d'injure à un simple particulier. « Attendu, porte ce
« second arrêt, qu'il n'appert d'aucun article de la loi du 29 juil-
« let 1881, que le législateur ait voulu porter atteinte, en cette
« matière, au principe généralement admis d'après lequel il
« appartient au juge de donner aux faits dont il est régulière-
« ment saisi la qualification qu'ils lui paraissent comporter, sans
« tenir compte de l'appréciation des parties poursuivantes ou
« défenderesses; que le tribunal de Saumur avait donc le pouvoir
« de considérer comme une injure à un simple particulier le
« fait qualifié dans la citation du ministère public outrage à un
« garde champêtre, *alors surtout que le prévenu lui-même*
« *soutenait que les propos par lui proférés s'adressaient au*
« *sieur G... considéré comme simple particulier....... Qu'il*
« *avait formellement conclu en première instance à ce qu'il*
« *fût déclaré que les propos incriminés s'adressaient au garde*
« *champêtre non en cette qualité ou à l'occasion de ses fonc-*
« *tions, mais bien au sieur G...* et que c'est en faisant droit à
« ces conclusions, que les premiers juges ont considéré le fait
« comme tombant sous l'application de l'art. 33 de la dite
« loi. »

Cette dernière considération de fait peut justifier la solution;

[1] Arrêt du 17 juillet 1883, aff. Challuau c. Samson.
[2] *Gazette des Tribunaux* du 6 janvier 1883.

mais nous doutons qu'en elle-même la thèse générale posée par ces deux arrêts puisse être admise. Une solution contraire a été donnée à cette question par le tribunal de Corbeil, dans un jugement du 26 octobre 1881 [1]. Un sieur G..... garde des eaux de la Vanne avait assigné un sieur V... pour l'avoir injurié comme simple particulier en le traitant de « *voleur* » et avoir ainsi commis le délit prévu par l'article 33 de la loi de 1881. — A l'audience, il soutint que c'était comme garde et dans l'exercice de ses fonctions qu'il avait été outragé, et par des conclusions formelles il demanda l'application de l'article 224 du C. pénal. Le tribunal, tout en reconnaissant qu'il avait bien été outragé comme garde, a rejeté ces conclusions et déclaré qu'il ne pouvait modifier la qualification donnée aux faits par la citation, ni appliquer l'article 224 qu'elle ne visait pas : « Attendu, dit le jugement, « que cet article n'est pas relevé dans la citation, laquelle ne vise « que les injures à un simple particulier. » Nous croyons que là est la vérité. Et cette dernière jurisprudence nous paraît seule conforme au texte et à l'esprit de la loi.

31. — L'article 33 de la loi admet que l'injure envers les simples particuliers n'est punissable qu'autant qu'elle n'a pas été précédée de provocation. La Cour de Douai a décidé que les juges du fait sont souverains pour apprécier les circonstances d'où résulte la provocation [2]. Ce point nous semble incontestable.

Paris.— Imp. F. Pichon, 30, rue de l'Arbalète, & 24, rue Soufflot.

www.ingramcontent.com/pod-product-compliance
Ingram Content Group UK Ltd.
Pitfield, Milton Keynes, MK11 3LW, UK
UKHW020124080726
13614UKWH00005B/2013